Günther Thomé und Dorothea Thomé

HEFT 1
HEFT 2
HEFT 3
HEFT 4

V, ß UND ANDERE

Alle 11 weiteren Orthos (schwierige Schreibungen) in den häufigsten Wörtern im Deutschen:

v	für den f-Laut	wie	in	Vogel
s	für den sch-Laut	wie	in	stark
ß	für den s-Laut (stimmlos)	wie	in	heiß CH entfällt für die Schweiz
i	für den langen i-Laut	wie	in	Igel
n	für den ng-Laut	wie	in	Bank
dt	für den t-Laut	wie	in	Stadt
q u	für die k-w-Lautfolge	wie	in	q u e r
x	für den chs-Laut	wie	in	Axt
ie	für den kurzen i-Laut	wie	in	viertel
v	für den w-Laut	wie	in	Vase
ai	für den ei-Laut	wie	in	Mais

Basiskonzept Rechtschreiben – ohne Silbengliederung

Alle Wörter aus den Grund-, Basis- und Orientierungswortschätzen aus zwölf Bundesländern: Baden-Württemberg, Bayern, Berlin, Brandenburg, Bremen, Hamburg, Hessen, Niedersachsen, Nordrhein-Westfalen, Sachsen, Sachsen-Anhalt, Thüringen

- über 500 Haupteinträge in den sortierten Wörterlisten
- mit vielen Erklärungen und Übungen
- mit einem Lösungsblatt

Dein Name, Klasse: ______________________________

isb Institut für sprachliche Bildung

Die Deutsche Nationalbibliothek verzeichnet die Publikation in der Deutschen Nationalbibliografie; detaillierte bibliografische Daten sind im Internet über https://www.dnb.dnb.de abrufbar.

Alle vier Lernhefte zu allen Orthos (schwierigen Schreibeinheiten) im Deutschen:

ISBN 978-3-94212239-9	Konso-Checker	Heft 1
ISBN 978-3-94212240-5	Langvokale	Heft 2
ISBN 978-3-94212241-2	Wortstämme	Heft 3
ISBN 978-3-94212242-9	**v, ß und andere**	**Heft 4**

Passend zur Arbeit mit dem Basiskonzept Rechtschreiben:
– Professionelles Wissen über Rechtschreibung, ISBN 978-3-94212234-4
– Deutsche Wörter nach Laut- und Schrifteinheiten, ISBN 978-3-94212243-6
– Häufige Wörter, ISBN 978-3-94212225-2
– Häufigkeiten in der Rechtschreibung, A4-Karten, ISBN 978-3-94212233-7
– So schreibe ich richtig, Übersichtsposter, DIN A1, ISBN 978-3-94212229-0
– OLFA* 1–2 für die Klassen 1 und 2, ISBN 978-3-94212204-7
– OLFA* 3–9⁺ für die Klassen 3–9⁺, ISBN 978-3-94212222-1
– OLFA-Online (www.olfaonline.de)
*OLFA – Oldenburger Fehleranalyse

Werbachstr. 16, 26121 Oldenburg
komplette Ökoproduktion: Bio-Farben, zertifiziertes Recyclingpapier, klimaneutraler Druck und Versand, die Umweltdruckerei, Hannover
www.isb-oldenburg.de, ISBN 978-3-94212242-9

Druckerzeugnis klimaneutral durch CO2-Ausgleich
dieUmwelt Druckerei

Inhalt

Bilder, Zeichen und Begriffe

Adjektiv Eigenschaftswort oder Wie-Wort: klein – kleiner – am kleinsten

Ausrufezeichen hier kommt etwas Wichtiges, das du dir merken solltest

Basisschreibung ist die häufigste und lautgetreue Schrifteinheit, wie -**e**, **n**, **r**, Basisschreibungen sind viel häufiger als Orthos (Nebenschreibungen)

Diphthong Zwielaut, es gibt nur drei: **ei**, **au** und **eu** mit ihren verschiedenen Orthos. Sie werden hier den Langvokalen zugerechnet.

EN Eigenname, wie Stuttgart, Xaver, Valentin, Quedlinburg, Sachsen

FW Fremdwort, wie Trainer, Cowboy, Trikot

Infinitiv Grundform bei Verben, immer -en am Ende: lauf**en**, red**en**, les**en**

Grundform bei Verben, immer -en am Ende: lauf**en**, red**en**, les**en**

Konso Abkürzung für Konsonant (Mitlaut)

Konsonanten Mitlaute: **s** ie **s** i **n** **d** **h** ie **r** **f** e **tt** **g** e **d** **r** u **ck** **t**

Kurzvokal ein kurzes a (***Apfel, alle***), ein kurzes i (in ***Insel, ich***), mit einem Punkt oder einem Ball wird auf Kurzvokale hingewiesen: ẹ, ạ, ụ

Langvokal ein langes a (wie in *Gl**a**s, f**ah**ren*), ein langes i (wie in *B**ie**ne, d**ie**, **ih**n*), unterstrichene Vokale (a, e, ie usw.) zeigen **Langvokale** an

Nebenschreibung od. **Ortho** sind (nach den häufigen Basisschreibungen) die selteneren und schwierigeren Einheiten, wie v, ß, qu. Nebenschreibungen (Orthos) werden hier oft mit Farbe markiert

Namenwort Hauptwort oder Substantive wie *Haus*, *Bein*, *Feld*. Substantive kann man meistens in die Ein- und Mehrzahl setzen: ein Haus, zwei Häuser

→ der Pfeil verweist auf wichtige Wörter in der Wörterliste

Orthos sind alle Einheiten, die seltener und schwieriger als die häufigen Basisschreibungen sind. Beispiel: **t** ist eine Basisschreibung und **tt** ist eine Nebenschreibung (Ortho)

Plural die Mehrzahl: **zwei** Züge, drei Kinder, vier Hefte, viele Tiere

schwaches e (a. Murmel-e oder Schwa genannt) ist der häufigste und gleichzeitig der schwächste Kurzvokal. Nach einem schwachen e folgt z. B. nie ein Doppelkonsonant. Beispiele: Hase, haben, geholfen

Substantiv Haupt- oder Namenwort: die Frau, der Mann, das Kind

Singular die Einzahl: **ein** Zug, ein Kind, ein Heft

Verb Zeitwort oder Tätigkeitswort, Beispiele: gehen, ging, gegangen

Vokal Selbstlaut: H **ie** r s **ie** s **i** n d h **ie** r f **e** tt g **e** d r **u** ck t

Wortbausteine sind die Teile von Wörtern: les + en, Bau + stein, witz + ig

Wortstamm der wichtige Wort**stamm** soll möglichst immer erhalten bleiben: **Berg** - **Berg** e, **gelb** - **gelb** e. Im Wort *verkaufen* ist *ver-* der vordere Baustein, -***kauf***- der Wortstamm und -en die Endung.

Worum geht es in diesem Heft?

Es geht um diese ORTHOS (schwierigen Schreibungen):

v wie in Vogel (f-Laut)	**s** wie in stark (sch-Laut)
ß wie in heiß (stimmloses s)	**i** wie in Igel (langer i-Laut)
n wie in Bank (ng-Laut)	**dt** wie in Stadt (t-Laut)
qu wie in q u er (k-w-Lautfolge)	**x** wie in fix (chs-Laut wie in Fuchs)
ie wie in viertel (Kurzvokal)	**v** wie in Vase (w-Laut)
ai wie in Mais (ei-Laut)	**–** weitere in Fremdwörtern und in Eigennamen, siehe ab Seite 43

Gut zu wissen:

Die allermeisten der hier gezeigten Orthos kann man **nicht durch das Hören** erkennen. Du kannst **nicht** hören, ob ein Wort mit **f** oder mit **v** geschrieben wird. Hier musst du dir die häufigsten Wörter oder Bausteine merken. Nur für **n** (für den ng-Laut), **q u** (für die k-w-Lautfolge) und **s** (für den sch-Laut vor t und p) gibt es zusätzlich ein paar hilfreiche Regeln. Mit den häufigsten Wörtern kannst du hier alle Orthos gezielt und erfolgreich üben.

Einführung – mit einem Gedicht

Zuerst sollst du alle **11 Orthos**, um die es hier geht, suchen.

1. Lies dir dieses Gedicht langsam durch und achte besonders auf die roten Buchstaben.

Vier starke Vögel

Vier Vögel verirren sich in einer Stadt.
Sie sind fast krank und völlig matt.
Dann stürzen sie mit großem Spaß
auf einen Vater namens Maß.
Max Maß erwidert* spitz: „Auwei!"
und nimmt sie mit bis in den Mai.

* erwidert = antwortet

nach dem Gedicht „Der Schnupfen", Christian Morgenstern

2. Male nun alle v-Buchstaben mit einem Rotstift an. Wie viele sind es?
Beispiel: Vier

Vier starke Vögel ______
Vier Vögel verirren sich in einer Stadt. ______
Sie sind fast krank und völlig matt. ______
Dann stürzen sie mit großem Spaß ______
auf einen Vater namens Maß. ______
Max Maß erwidert* spitz: „Auwei!" ______
und nimmt sie mit bis in den Mai. ______

zusammen: ______

3. Male jetzt alle s-Buchstaben mit einem Rotstift an, die für einen sch-Laut vor einem t oder p stehen. Beispiel: Stadt

Vier starke Vögel

Vier Vögel verirren sich in einer Stadt.
Sie sind fast krank und völlig matt.
Dann stürzen sie mit großem Spaß
auf einen Vater namens Maß.
Max Maß erwidert* spitz „Auwei!"
und nimmt sie mit bis in den Mai.

zusammen: ______

4. Nun geht es um das ß. Male alle mit einem Rotstift an. Beispiel: Fleiß

CH In der Schweiz wird statt ß immer ein ss geschrieben.

Vier starke Vögel

Vier Vögel verirren sich in einer Stadt.
Sie sind fast krank und völlig matt.
Dann stürzen sie mit großem Spaß
auf einen Vater namens Maß.
Max Maß erwidert* spitz: „Auwei!"
und nimmt sie mit bis in den Mai.

zusammen: ______

5. Jetzt sind nur noch wenige Wörter übrig, die ein seltenes i, n, dt, x oder ein ai enthalten. Male alle mit einem Rotstift an. Beispiel: krank

Vier starke Vögel

Vier Vögel verirren sich in einer Stadt.
Sie sind fast krank und völlig matt.
Dann stürzen sie mit großem Spaß
auf einen Vater namens Maß.
Max Maß erwidert* spitz: „Auwei!"
und nimmt sie mit bis in den Mai.

zusammen: ______

Wörterlisten und Übungen

Nun werden die **elf Orthos** (schwierige Schreibungen) mit den häufigsten Wörtern aus den Grund-, Basis- und Orientierungswortschätzen aus den zwölf Bundesländern (Baden-Württemberg, Bayern, Berlin, Brandenburg, Bremen, Hamburg, Hessen, Niedersachsen, Nordrhein-Westfalen, Sachsen, Sachsen-Anhalt, Thüringen) aufgelistet. Die Häufigkeit der elf Orthos sieht so aus[1]:

1.	**v**	für den f-Laut:	*von, viel, vor(-), der Vater*
2.	**s**	für den sch-Laut:	*stark, spielen, der Sport*
3.	**ß**	für s-Laut (scharfes s):	*außen, der Fuß, der Gruß*
4.	**i**	für den langen i-Laut:	*wir, dir, mir, der Igel, der Biber*
5.	**n**	für den ng-Laut:	*die Bank, der Schrank, krank*
6.	**dt**	für den t-Laut:	*die Stadt, verwandt*
7.	**q u**	für die k-w-Lautfolge:	*der Quatsch, quälen*
8.	**x**	für den chs-Laut:	*extra, die Axt* (eher selten)
9.	**ie**	für den kurzen i-Laut:	*viertel, vielleicht* (sehr selten)
10.	**v**	für den w-Laut:	*privat, die Vase* (sehr selten)
11.	**ai**	für den ei-Laut (lang):	*der Mai, der Mais* (sehr selten)

In den Wörterlisten und Übungen werden **nur** die Orthos, um die es in diesem Heft geht, mit roter Farbe markiert. Wir wollen uns auf diese konzentrieren. In den Listen werden Substantive, Verben und Adjektive so dargestellt:

Substantive (Haupt-, Namenwörter) werden mit Artikel, Singular- und Pluralform angegeben:

Vater, der	die Väter
Vogel, der	die Vögel

Verben (Zeit-, Tätigkeitswörter) werden in dieser Form dargestellt:

stehen		
	er/sie/es	steht
		stand
		gestanden
stand		→ stehen

Adjektive (Eigenschaftswörter) werden gesteigert:

viel	mehr	am meisten
fleißig	fleißiger	am fleißigsten

1 Alle Angaben zu den Häufigkeiten nach einer 100.000er-Auszählung vgl. K. Siekmann, G. Thomé (2018²); G. Thomé (2019²). Die Reihenfolge der Merkwörter im Heft ist maßgeblich angelehnt an K. Siekmann (2021).

Es gibt im Deutschen häufige und seltene Schreibungen. Die meisten Einheiten sind in der Regel einfach und stehen am häufigsten für einen Laut, wie ***f*** für den f-Laut in ***f**ür* oder ***n*** für den n-Laut in **n**ur. Wir nennen sie **Basis- oder Hauptschreibungen**. Schwieriger sind die **Nebenschreibungen** für einen Laut, **die Orthos**. Sie stehen auch für einen Laut, tragen aber neben der Lautung noch andere Informationen, z. B. zur Längen- und Kürzenmarkierung von Vokalen (wie in *sehr*, *denn*) oder für den Wortstamm-Erhalt (wie in *Hund - Hunde*). Alle Orthos werden mit roter oder orangeroter Farbe markiert.

V für den f-Laut

Der f-Laut wird im Deutschen so geschrieben (gerundete Werte):

mit f	**65 %**	Beispielwörter: die **F**rau, das **F**enster, **f**reuen, **f**ür
mit v	**32 %**	Beispielwörter: von, viel, vor-, ver-, der Vater
mit ff	**3 %**	Beispielwörter: der A**ff**e, tre**ff**en, ho**ff**entlich

Die Schreibung v **für den f-Laut** ist weder lautlich noch noch grammatisch begründet. Es gibt hier keine Regel. Daher musst du die wichtigsten Wörter üben und dir merken.

Gut zu wissen:

Es gibt nur **14 häufige Wörter und Wortbausteine[2] mit einem v**: von, viel, vor(-), ver-, vom, voll, vier, vielleicht, vorne, vordere, der Vater, der Vogel, das Volk, völlig.

Dazu nun zwei kleine Merkverse:

Vier Väter versuchen, viele Vogelhäuser vor dem Vieh zu verstecken, ohne vom Bienenvolk vollkommen verstochen zu werden.

Ver- und vor, ich bin schlau, schreib ich immer mit dem v. (Schüler aus Oldenburg)

a gg r e ss i v (FW)
a gg r e ss i v e r (hier Wandel zur w-Lautung)
am a gg r e ss i v s t e n

a k t i v (FW) a k t i v e r (hier Wandel zur w-Lautung)
am a k t i v s t e n

au s V e r s eh e n

b e v o r

b r a v (FW) b r a v e r (hier Wandel zur w-Lautung)
am b r a v s t e n
(auch: b r ä v e r am b r ä v s t e n)

d a v o n

D e t e k t i v, der (FW) die D e t e k t i v e
(hier Wandel zur w-Lautung)

h e r v o r

M e ck l e n b u r g - V o r p o mm e r n (EN)

---

2 Aus neun Millionen Wörtern: von (Platz 7), viel (Platz 40), vor (Platz 43) (DUDEN 2011, S. 2108); aus der 18 Mill. umfassenden DUDEN-Wörtersammlung: von (Platz 7) (https://www.duden.de/sprachwissen/sprachratgeber/Die-haufigsten-Worter-deutschsprachigen-Texten, Abruf September 2023).

Missverständnis, das
die Missverständnisse

Nerv, der (FW) die Nerven

nervig (FW) nerviger am nervigsten

November, der (FW, auch mit w-Lautung)
selten: die November

Vater, der die Väter

verabreden (sich)
er/sie/es verabredet (sich)
verabredete (sich)
(sich) verabredet

verbieten
er/sie/es verbietet
verbot
verboten

verbinden
er/sie/es verbindet
verband
verbunden

Verbindung, die die Verbindungen

verbrauchen
er/sie/es verbraucht
verbrauchte
verbraucht

verbrennen
er/sie/es verbrennt
verbrannte
verbrannt

Verbrennung, die die Verbrennungen

verbunden → verbinden

Verdacht, der kein Plural

Verein, der die Vereine

vereinen
er/sie/es vereint
vereinte
vereint

verfahren
er/sie/es verfährt
verfuhr
verfahren

Verfasser, der die Verfasser

Verfasserin, die die Verfasserinnen

vergessen
er/sie/es vergisst
vergaß
vergessen

Vergleich, der die Vergleiche

vergleichen
er/sie/es vergleicht
verglich
verglichen

Verhältnis, das die Verhältnisse

Verkauf, der die Verkäufe

verkaufen
er/sie/es verkauft
verkaufte
verkauft

Verkehr, der selten: Plural

verlangen
er/sie/es verlangt
verlangte
verlangt

verlassen
er/sie/es verlässt
verließ
verlassen

verletzen
er/sie/es verletzt
verletzte
verletzt

Verletzung, die die Verletzungen

verlieben sich
er/sie/es verliebt sich
verliebte sich
sich verliebt

verlieren
er/sie/es verliert
verlor
verloren

Vermögen, das die Vermögen

verpacken
er/sie/es verpackt
verpackte
verpackt

Verpackung, die die Verpackungen

verraten (ver + raten = +)
er/sie/es verrät
verriet
verraten

verreisen (ver + reisen = +)
er/sie/es verreist
verreiste
verreist

verrückt (ver + rückt = +)
verrückter
am verrücktesten

Versammlung, die die Versammlungen

versäumen
er/sie/es versäumt
versäumte
versäumt

verschieden verschiedener
am verschiedensten

verschmutzen
er/sie/es verschmutzt
verschmutzte
verschmutzt

Verschmutzung, die die Verschmutzungen

verschwinden
er/sie/es verschwindet
verschwand
verschwunden

Versehen, das — die Versehen

versp#äten (sich)
er/sie/es verspätet sich
verspätete sich
sich verspätet

Verspätung, die — die Verspätungen

Verstand, der — kein Plural

Versteck, das — die Verstecke

verstecken
er/sie/es versteckt
versteckte
versteckt

verstehen
er/sie/es versteht
verstand
verstanden

Versuch, der — die Versuche

versuchen
er/sie/es versucht
versuchte
versucht

verteidigen (sich)
er/sie/es verteidigt (sich)
verteidigte (sich)
(sich) verteidigt

vertrauen
er/sie/es vertraut
vertraute
vertraut

verwandt verwandter
am verwandtesten

Verwandte, der/die — die Verwandten

Verwandtschaft, die — die Verwandtschaften

verwechseln
er/sie/es verwechselt
verwechselte
verwechselt

Verzeichnis, das — die Verzeichnisse

verzeihen
er/sie/es verzeiht
verzieh
verziehen

Vetter, der — die Vettern

Vieh, das — kein Plural

viel mehr am meisten

viele → vieler

vieler, viele, vieles

vielfach

vielleicht (viel+leicht), selten: kurzes gespanntes i mit ie-Schreibung (Basisschreibung für den langen i-Laut ist immer ie: vier, viel)

vielmehr

vier

vierte (selten: kurzes gespanntes i mit ie-Schreibung, anders: vier für langen i-Laut)

vierzehn, vierzehnte (selten: kurzes gespanntes i mit ie-Schreibung, anders: vier für langen i-Laut)

vierzig (selten: kurzes gespanntes i mit ie-Schreibung, anders: vier für langen i-Laut)

Vogel, der — die Vögel

Volk, das — die Völker

voll (gilt als etwas unübliche Steigerung):
voller am vollsten

völlig

völlige → völliger

völliger, völlige, völliges

vollkommen

vollständig vollständiger
am vollständigsten

vom (= von dem)

von

vor

voran

voraus

vorbei

vorbeikommen
er/sie/es kommt vorbei
kam vorbei
vorbeigekommen

vorderer, vordere, vorderes

Vorderrad, das (Vorder+rad)
die Vorderräder

Vorfahrt, die — die Vorfahrten

vorgestern

vorhanden (sein)

vorher

voriger, vorige, voriges

Vorkommen, das — die Vorkommen

Vorlage, die — die Vorlagen

Vormittag, der — die Vormittage

vormittags

vorn, vorne

Vorrat, der (Vor+rat) die Vorräte

Vorsicht, die

vorsichtig vorsichtiger
am vorsichtigsten

Vorstellung, die — die Vorstellungen

Vorteil, der — die Vorteile

vorüber

zu viel

Ausnahme: fertig

Das Wort *fertig* ist kein ver-Wort. Du musst es dir als Ausnahme merken. Das Wort *fertig* hatte ursprünglich etwas mit *abfahrtbereit* (*fährt-* wurde hier zu *fert-*) zu tun.

Übungen: v für den f-Laut

6. Schreibe acht Sätze in dein Heft, die diese Wörter (Verben) mit **vor-** enthalten: vorsingen, vorlaufen, vorrechnen, vorrennen, vorheizen, vorjammern, vorkochen, vorstellen. Unterstreiche immer das **vor**-.
Beispiel: vorsingen ✎ Die Kinder singen ein Lied vor.

7. Schreibe acht Sätze in dein Heft, die diese Wörter (Verben) mit **ver-** enthalten: versprechen, verschlafen, verlaufen, verschlucken, verbinden, versuchen, verlieren, verkaufen. Unterstreiche immer das **ver-**
Beispiel: versprechen ✎ Wir versprechen, dass wir pünktlich kommen.

8. Suche für die Substantive (Haupt-, Namenwörter) immer die passenden Verben (Zeit-,Tätigkeitswörter). Schreibe dann *wir* und füge das Verb noch einmal passend hinzu. Unterstreiche alle ver- und vor-.

die Verwandlung ✎ *verwandeln* *wir verwandeln*
die Verwendung ________________
der Verband *verbind*
der Verkäufer ________________
das Versprechen ________________
das Verbot *verbiet*
der Versuch ________________
die Vorbereitung ✎ *vorbereiten* *wir bereiten vor*
die Vorstellung ________________
die Vorfahrt ________________
die Vorwäsche ________________
der Vortrag ________________
die Vorschrift ________________

von vor(-) ver-

9. Suche für die Adjektive (Eigenschaftswörter) immer die passenden Substantive (Haupt-, Namenwörter) und Verben (Zeit-, Tätigkeitswörter).

voraussichtlich	*die Voraussicht*	*voraussehen*
vorbehaltlich		
vordringlich		
voreilig	die Voreile	
vorläufig		
vorrätig		be
vor**sätz**lich	der satz	setzen
vorsichtig		
verkäuflich		
vermutlich		
verantwortlich		

10. Schreibe fünf Sätze in dein Heft, die möglichst viele dieser 14 v-Wörter enthalten: von, viel, vor(-), ver-, vom, voll, vier, vielleicht, vorne, vordere, der Vater, der Vogel, das Volk, völlig.

11. Unterstreiche in den *schräggedruckten* Wörtern *ver-* oder *vor-* mit roter Farbe und den Wortstamm mit einer anderen Farbe. Der **Wortstamm** ist immer der wichtige Teil, der den Inhalt oder den Sinn trägt. Im Wort *singen* ist ***sing*** der Wortstamm, bei *vorlaufen* ist ***lauf*** der Wortstamm.

Beispiel die *ver**rat**enen* Freunde

die *ver**rat**enen* Freunde, der *verlaufene* Hund,

der *vergebliche Verrat*, eine *vorgeschriebene Verteilung*,

eine *vorläufige Verständigung*, der *vergessliche Verräter*,

der *verlorene Vorrat*, die *vorsichtige Vermutung*,

eine *vernünftige Verwendung*, die *verlässliche Vorahnung*,

das *vergängliche Vergnügen, eine vertrauliche Vorentscheidung*

12. Teile diese schwierigen Wörter (Verben) auf.

Beispiel: *verraten* ich teile auf in: *ver* *raten*

verraten ich teile auf in: ____________________

verreisen ich teile auf in: ____________________

verrechnen ich teile auf in: ____________________

verrosten ich teile auf in: ____________________

vorrufen ich teile auf in: ____________________

vorrechnen ich teile auf in: ____________________

vorrücken ich teile auf in: ____________________

13. Füge Adjektive (Eigenschaftswörter) in die Sätze ein.

Du kannst diese Wörter verwenden: verlorene vergnügte vorsichtige vergessliche verkäufliche vorbildliche vorsorgliche

Es sind auch mehrere richtige Lösungen möglich.

Beispiel: Der *vorsichtige* Vater versucht einen *vorbildlichen* Kuchen zu backen.

Der ____________________ Verkäufer findet nichts.

Das ____________________ Kind kauft sich ein Eis.

Die ____________________ Ente füttert ihre Jungen.

Der ____________________ Sportler gratuliert dem Verlierer.

Das ____________________ Vieh muss gesucht werden.

Der ____________________ Vogel bleibt im Nest.

Die ____________________ Ware soll ins Regal gestellt werden.

14. Da die v-Schreibung für den f-Laut oft große Probleme bereitet, solltest du diese wichtigen Wörter oder Bausteine immer wieder üben.
Schreibe sie in dein Heft und füge einen Satz dazu an.

ver- | voll | völlig | vom | von

vor(-) | vordere | vorne | viel | vier

vielleicht | der Vater | der Vogel | das Volk

KOPIEREN

Ver- und vor-Sammlung

15. Alle Spalten werden ausgeschnitten. Dann legst du vor jedes Verb ein *ver-* oder ein *vor-*. Du kannst diese Übung auch mündlich und mit einem Partner oder mit einer Gruppe machen. Gibt es dieses Verb oder nicht?

laufen	rennen	lassen	stehen
sitzen	turnen	beugen	reisen
lesen	rechnen	essen	kaufen
schlafen	spielen	lernen	waschen
sprechen	lügen	suchen	malen
binden	messen	singen	schreiben
fliegen	machen	fallen	tragen
stellen	sagen	teilen	feiern
fahren	raten	kleben	reiten
kommen	kochen	schweigen	wenden
____________	____________	____________	____________

vor-	ver-

Wörtersuche zum Bereich VER-

16. Füge die passenden Wörter in die freien Felder ein. Beispiel:

das Vergessen *vergessen* vergesslich

Du kannst diese Übung schriftlich oder mündlich machen. Oder mit einem Partner oder mit einer Gruppe zusammen? Vielleicht hilft dir die v-Liste bei den Lösungen? Manchmal gibt es auch mehrere richtige Lösungen.

Substantive mit Ver- Haupt-, Namenwörter	Verben mit ver- Zeit-, Tätigkeitswörter	Adjektive mit ver- Eigenschaftswörter
		vergesslich
	verkaufen	
die Vermutung		
	vertragen	-lich
die Verbindung		verbindlich
der/die	verdächtigen	-ig
das/die	vergeben	
		vergnüglich
das Verlassen		verläss-
das Verlernen		–
	verletzen	

KOPIEREN

Wörtersuche zum Bereich VOR-

17. Füge die passenden Wörter in die freien Felder ein. Beispiel:

der Vorlauf — *vorlaufen* — vorläufig

Du kannst diese Übung schriftlich oder mündlich machen. Oder mit einem Partner/einer Partnerin? Oder mit einer Gruppe zusammen? Vielleicht hilft dir auch die v-Liste bei den Lösungen? Manchmal gibt es auch mehrere richtige Lösungswörter.

Substantive mit Vor- Haupt-, Namenwörter	Verben mit vor- Zeit-, Tätigkeitswörter	Adjektive mit vor- Eigenschaftswörter
der Vorlauf		vorläufig
der Vorrat	bevorraten	
	vorsetzen	vorsätzlich
die Vorsicht	vorsehen	
die Voreile		ig
die Vorstellung		vorstellig
	vorbehalten	-lich
	vorschreiben	vorschriftlich
	vorsorgen	
der Vorzug	vorziehen	vorzüg-
______	______	______

s für den sch-Laut

Der sch-Laut wird im Deutschen so geschrieben (gerundete Werte):

mit sch **59 %** Beispielwörter: das **Sch**af, **sch**lafen, **sch**ön

mit s (vor t oder p) **41 %** Beispielwörter: die **S**tadt, **s**pielen, **s**tark

Regel
Hörst du einen sch-Laut vor einem t oder p, dann schreibst du immer ein s.
Das gilt immer im Silbenanlaut.

Ausnahme ist das sehr seltene Wort: *die Gischt*.
Im Silbenauslaut gibt es natürlich **sch vor einem t**, wie in *mischt*, *löscht* oder *rauscht* (wegen *mischen*, *löschen*, *rauschen*).

Das s-t-Gedicht

Es stolpern Steine in stetigem Sturz,
stur stellen sich stattliche Stiere
in stille Ställe.
Sie stellen sich standhaft und stolz
dem starken Sturm entgegen.

Das s-p-Gedicht

Spanische Spitzensportler
springen mit sportlichem Spaß
über spät sprießende,
aber spärliche Spinatsprossen.

Umkreise (s-p) mit einem Stift.

Anspruch, der — die Ansprüche
anstrengen (sich)
er/sie/es strengt (sich) an
strengte (sich) an
(sich) angestrengt
anstrengend — anstrengender — am anstrengendsten
aufstehen
er/sie/es steht auf
stand auf
aufgestanden
Ausstellung, die (Aus + stellung = ● + ●) — die Ausstellungen
Beispiel, das — die Beispiele
bestehen
er/sie/es besteht
bestand
bestanden

bestimmen
er/sie/es bestimmt
bestimmte
bestimmt
bestimmt
bestimmte → bestimmter
bestimmter, bestimmte, bestimmtes
Bestimmung, die — die Bestimmungen
Darstellung, die — die Darstellungen
erstaunt — erstaunter — am erstaunntesten
Frühstück, das — die Frühstücke
Gegenstand, der — die Gegenstände

gespannt gespannter am gespanntesten

gespannt → spannen

Gespenst, das — die Gespenster

gespielt → spielen

Gestalt, die — die Gestalten

gestalten
er/sie/es gestaltet
gestaltete
gestaltet

gestellt → stellen

gestohlen → stehlen

gestorbe → sterben

gestoßen → stoßen

gestürzt → stürzen

Hauptstadt, die — die Hauptstädte

herstellen
er/sie/es stellt her
stellte her
hergestellt

Herstellung, die — die Herstellungen

hinstellen
er/sie/es stellt hin
stellte hin
hingestellt

Maßstab, der (Maß+stab = +) — die Maßstäbe

Schleswig-Holstein

selbstständig

selbstständige → selbstständiger

selbstständiger, selbstständige, selbstständiges

spalten
er/sie/es spaltet
spaltete
gespalten

spanisch

spannen
er/sie/es spannt
spannte
gespannt

spannend spannender am spannendsten

Spannung, die — die Spannungen

sparen
er/sie/es spart
sparte
gespart

Spaß, der — die Späße

spät später am spätesten

Spaten, der — die Spaten

Spatz, der — die Spatzen

spazieren
er/sie/es spaziert
spazierte
spaziert

Spaziergang, der — die Spaziergänge

speichern
er/sie/es speichert
speicherte
gespeichert

Speise, die — die Speisen

spenden
er/sie/es spendet
spendete
gespendet

sperren
er/sie/es sperrt
sperrte
gesperrt

Spiegel, der — die Spiegel

spiegeln
er/sie/es spiegelt
spiegelte
gespiegelt

Spiel, das — die Spiele

spielen
er/sie/es spielt
spielte
gespielt

Spielplatz, der — die Spielplätze

Spielzeug, das — die Spielzeuge

Spinat, der (EN) — kein Plural

Spinne, die — die Spinnen

spitz spitzer am spitzesten

Spitze, die — die Spitzen

spitzen
er/sie/es spitzt
spitzte
gespitzt

Sport, der

Sportler, der — die Sportler

Sportlerin, die — die Sportlerinnen

sportlich sportlicher am sportlichsten

spotten
er/sie/es spottet
spottete
gespottet

Sprache, die — die Sprachen

sprechen
er/sie/es spricht
sprach
gesprochen

sprengen
er/sie/es sprengt
sprengte
gesprengt

sprich → sprechen

springen
er/sie/es springt
sprang
gesprungen

Spritze, die — die Spritzen

spritzen
er/sie/es spritzt
spritzte
gespritzt

Spruch, der — die Sprüche

sprühen
er/sie/es sprüht
sprühte
gesprüht

Sprung, der — die Sprünge

Spucke, die (= keine Spucke im Mund haben)

spucken
er/sie/es spuckt
spuckte
gespuckt

Spuk, der (= der Geisterspuk)

spuken
er/sie/es spukt
spukte
gespukt

spülen
er/sie/es spült
spülte
gespült

Spur, die — die Spuren

spüren
er/sie/es spürt
spürte
gespürt

Staat, der — die Staaten

Stab, der — die Stäbe

Stadion, das — die Stadien

Stadt, die — die Städte

stahl → stehlen

Stall, der — die Ställe

Stamm, der — die Stämme

stand → stehen

Stand, der — die Stände

Stange, die — die Stangen

Stängel, der — die Stängel

Star, der (FW, der Stern, der Filmstar)
die Stars

Star, der (der Vogel) — die Stare

starb → sterben

stark — stärker — am stärksten

Stärke, die (→ stark) — die Stärken

stärken (→ stark)
er/sie/es stärkt
stärkte
gestärkt

Start, der — die Starts

starten
er/sie/es startet
startete
gestartet

statt (auch: anstatt)

Stau, der — die Staus
seltener: die Staue

Staub, der — selten: die Stäube

staubig — staubiger
am staubigsten

staunen
er/sie/es staunt
staunte
gestaunt

stechen
er/sie/es sticht
stach
gestochen

stecken
er/sie/es steckt
steckte
gesteckt

stehen
er/sie/es steht
stand
gestanden

stehlen
er/sie/es stiehlt
stahl
gestohlen

steigen
er/sie/es steigt
stieg
gestiegen

steil — steiler — am steilsten

Stein, der — die Steine

Stelle, die — die Stellen

stellen
er/sie/es stellt
stellte
gestellt

Stellung, die — die Stellungen

Stempel, der — die Stempel

stempeln
er/sie/es stempelt
stempelte
gestempelt

sterben
er/sie/es stirbt
starb
gestorben

Stern, der — die Sterne 

stets

Steuer, das (= das Steuerrad)

Steuer, die (= die Geldsteuer)
die Steuern

steuern
er/sie/es steuert
steuerte
gesteuert

Stich, der — die Stiche

sticken
er/sie/es stickt
stickte
gestickt

Stiefel, der  die Stiefel

Stiel, der (= der Besenstiel) — die Stiele

Stift, der — die Stifte

still — stiller — am stillsten

Stimme, die — die Stimmen

stimmen
er/sie/es stimmt
stimmte
gestimmt

stinken
er/sie/es stinkt
stank
gestunken

stirbt → sterben

Stirn, die — die Stirnen

Stock, der — die Stöcke

Stoff, der — die Stoffe

stolpern
er/sie/es stolpert
stolperte
gestolpert

stolz — stolzer — am stolzesten

Stolz, der — kein Plural

stopfen
er/sie/es stopft
stopfte
gestopft

stören
er/sie/es stört
störte
gestört

stoßen
er/sie/es stößt
stieß
gestoßen

Strafe, die — die Strafen

strafen
er/sie/es straft
strafte
gestraft

strahlen
er/sie/es strahlt
strahlte
gestrahlt

Strand, der  die Strände

Straße, die — die Straßen

Strauch, der — die Sträucher

Strauß, der (der Blumenstrauß) — die Sträuße

Strecke, die — die Strecken

strecken
er/sie/es streckt
streckte
gestreckt

Streich, der — die Streiche

streicheln
er/sie/es streichelt
streichelte
gestreichelt

streichen
er/sie/es streicht
strich
gestrichen

Streifen, der — die Streifen

Streit, der — selten: die Streits

streiten
er/sie/es streitet
stritt
gestritten

streng — strenger — am strengsten

streuen
er/sie/es streut
streute
gestreut

Strich, der — die Striche

Strick, der — die Stricke

stricken
er/sie/es strickt
strickte
gestrickt

Stroh, das — selten: die Strohe

Strom, der (= der Fluss) — die Ströme

strömen
er/sie/es strömt
strömte
geströmt

Strumpf, der — die Strümpfe

Stube, die — die Stuben

Stück, das — die Stücke

Stufe, die — die Stufen

Stuhl, der  die Stühle

stumpf — stumpfer — am stumpf(e)sten

Stunde, die — die Stunden

Sturm, der — die Stürme

stürmen
er/sie/es stürmt
stürmte
gestürmt

stürmisch — stürmischer — am stürmischsten

Sturz, der — die Stürze

stürzen
er/sie/es stürzt
stürzte
gestürzt

stützen
er/sie/es stützt
stützte
gestützt

Tankstelle, die — die Tankstellen

Umstand, der — die Umstände

verspäten (sich)
er/sie/es verspätet sich
verspätete sich
sich verspätet

Verspätung, die — die Verspätungen

Verstand, der

Versteck, das — die Verstecke

verstecken (sich)
er/sie/es versteckt (sich)
versteckte (sich)
(sich) versteckt

verstehen (sich)
er/sie/es versteht (sich)
verstand (sich)
(sich) verstanden

vollständig — vollständiger — am vollständigsten

vorstehen
er/sie/es steht vor
stand vor
vorgestanden

zum Beispiel

Zustand, der — die Zustände

Übungen: s für den sch-Laut

18. Sortiere die s-Wörter nach Wortarten: SPIEL – SPRINGEN – SPANNEND – STADT – STÖREN – STILL – SPAß – STREIKEN – SPIELEN – STRAßE – STOLZ – STEHEN – STARK – SPÄT – STAAT

Substantive	Verben	Sonstiges
das Spiel		

19. Suche acht Wörter mit s und t oder p. Umkreise sie mit einem Stift:
das Spiel, der Strand, stellen, die Stunde, der Spaß, die Stadt, der Stein, der Streit

→ S	P	IE	L	S
↓ S	T	R	EI	T
T		S		U
R	S	T	EI	N
A	T	E	S	D
N	A	LL	P	E
D	DT	E	A	
		N	ß	A

Wörtersuche zum Bereich Sp und St

20. Füge die passenden Wörter in die freien Felder ein. Beispiel:
der Splitter splittern splitterig

Du kannst diese Übung schriftlich oder nur mündlich machen. Oder mit einem Partner oder mit einer Gruppe zusammen? Vielleicht hilft dir die Liste **s vor t oder p** bei den Lösungswörtern?

Substantive mit S p Haupt-, Namenwörter	Verben mit s p Zeit-, Tätigkeitswörter	Adjektive mit s p Eigenschaftswörter
	splittern	splitterig
der Spieß		spießig
	sprechen	sprachlich
die Sperrung, die Sperre		ig
	spitzen	spitz
	spaßen	ig
	spielen	spielerisch, verspielt
	ver	spät, verspätet
	spotten	spöttisch
	springen	sprunghaft
	spiegeln	ver
	spüren	bar

Zu den merk-würdigen Wörtern

Es lohnt sich, die **merkwürdigen Wörter** auf Kärtchen zu schreiben und zu kopieren. Dann kannst du sie immer wieder üben. Wenn du sie fünfmal richtig geschrieben hast, solltest du jedes Merkwort noch einmal in einen ganzen Satz einfügen.

18 Merkwörter: s für den sch-Laut vor **t** oder **p**

stehen, der Stein, die Stunde, stellen, sterben, die Stadt, streiten, stecken, stark, das Spiel, spielen, der Sprung, springen, spät, das Gespenst, der Spaß, sprechen, der Sport

Kärtchen **s für den sch-Laut**

Trage die Merkwörter in die Kärtchen ein und übe sie regelmäßig.

s für den sch-Laut vor einem **t**	s für den sch-Laut vor einem t	s für den sch-Laut vor einem t
s für den sch-Laut vor einem t	s für den sch-Laut vor einem t	s für den sch-Laut vor einem t
s für den sch-Laut vor einem t	s für den sch-Laut vor einem t	s für den sch-Laut vor einem t
s für den sch-Laut vor einem **p**	s für den sch-Laut vor einem p	s für den sch-Laut vor einem p
s für den sch-Laut vor einem p	s für den sch-Laut vor einem p	s für den sch-Laut vor einem p
s für den sch-Laut vor einem p	s für den sch-Laut vor einem p	s für den sch-Laut vor einem p

ß für den s-Laut (scharfes oder stimmloses s)

Der (stimmlose) s-Laut wird so geschrieben (gerundete Werte):

mit s	**76 %**	Beispielwörter: da**s** Hau**s**, da**s** Ei**s**, wa**s**, au**s**
mit ss	**16 %**	Beispielwörter: da**ss**, la**ss**en, be**ss**er
mit ß	**8 %**	Beispielwörter: groß, die Straße, weiß

Man könnte zum Bereich ß **für den s-Laut** zwar eine Regel formulieren, die wäre aber viel zu kompliziert. **Einfacher** ist es, wenn du die wichtigsten Merkwörter mit ß immer wieder übst. Das ß kann (wenn überhaupt) **nur nach Langvokalen** oder **nach einem ei-, au-, eu-Laut** stehen.

Kleiner Verlängerungstipp
Vielleicht hilft dir die Verlängerungsprobe bei der Entscheidung, ob es sich bei einem **s-Laut** um ein stimmhaftes s (wie in *summen*) oder ein stimmloses oder scharfes s handelt (wie in *Fuß*)? Wenn du den Plural oder eine Verlängerung bildest, dann kannst du den Unterschied hören. Versuche es mit den Wörtern *Haus* und *Fuß*. Im Singular klingen sie beide am Ende genau gleich. Aber wie sieht es im Plural aus? Da haben wir: *die Häuser* (stimmhaftes s) und *die Füße* (stimmloses oder scharfes s, also mit ß-Schreibung). Adjektive steigerst du (*heiß – heißer, weiß – weißer*). Bei Verben musst du auf den Infinitiv (die Grundform, immer mit einem -en am Ende, wie ess**en**, lauf**en**) und einen Langvokal achten (*aß – essen, ließ – lassen, aber lies – lesen*). Wenn dir das etwas zu kompliziert ist, haben wir die Merkwörter für dich.

Für die Schweiz CH

Grundsätzlich wird in der Schweiz statt ß immer ss geschrieben, auch nach Langvokalen und ei-, au- oder eu-Lauten. Beispiele: die Strasse, die Grüsse, heiss.

anschließend, anschließende
aß (essen, er/sie/es isst, aß, gegessen)
außen
außer
außerdem
äußere → äußerer
äußerer, äußere, äußeres

außerhalb
äußern
er/sie/es äußert
äußerte
geäußert
Äußerung, die — die Äußerungen
barfuß

beißen
er/sie/es beißt
biss
gebissen

beschließen
er/sie/es beschließt
beschloss
beschlossen

besaß (besitzen, er/sie/es besitzt, besaß, besessen)

bloß

draußen

dreißig

dreißigste

Fleiß, der

fleißig fleißiger am fleißigsten

fließen
er/sie/es fließt
floss
geflossen

Floß, das die Flöße

fraß (fressen, er/sie/es frisst, fraß, gefressen)

Fuß, der die Füße

Fußball, der die Fußbälle

Fußgänger, der die Fußgänger

genießen
er/sie/es genießt
genoss
genossen

gestoßen → stoßen

gieß → gießen

gießen
er/sie/es gießt
goss
gegossen

Grieß, der

groß größer am größten

Große, der/die/das die Großen

Größe, die die Größen

Gruß, der die Grüße

grüßen
er/sie/es grüßt
grüßte
gegrüßt

heiß heißer am heißesten

heißen
er/sie/es heißt
hieß
geheißen

hieß → heißen

Kloß, der die Klöße

ließ (lassen, er/sie/es lässt, ließ, gelassen)

maß (messen, er/sie/es misst, maß, gemessen)

Maß, das die Maße

mäßig mäßiger am mäßigsten

Maßstab, der (Maß + stab = +) die Maßstäbe

reißen
er/sie/es reißt (etwas zer+reißen)
riss

saß (sitzen, er/sie/es sitzt, saß, gesessen)

scheußlich scheußlicher am scheußlichsten

schießen
er/sie/es schießt
schoss
geschossen

schließ → schließen

schließen
er/sie/es schließt
schloss
geschlossen

schließlich

schmeißen
er/sie/es schmeißt
schmiss
geschmissen

Schweiß, der

saß (sitzen, er/sie/es sitzt, saß, gesessen)

Soße, die die Soßen

Spaß, der die Späße

spaßen
er/sie/es spaßt
spaßte
gespaßt

Spieß, der die Spieße

Stoß, der die Stöße

stoßen
er/sie/es stößt
stieß
gestoßen

Straße, die die Straßen

Strauß, der (hier: der Blumenstrauß) die Sträuße

süß süßer am süßesten

Süßigkeit, die die Süßigkeiten

tschüß (= Verabschiedung, auch: tschüs, oder tschüss)

vergaß (vergessen, er/sie/es vergisst, vergaß, vergessen)

verließ (verlassen, er/sie/es verlässt, verließ, verlassen)

w ei ß	(gilt als etwas unübliche Steigerung) w ei ß e r, am w ei ß e s t e n	z e r r ei ß e n (zer + reißen = +)	er/sie/es z e r r ei ß t
w ei ß	(w i ss e n, er/sie/es w ei ß, w u ss t e, g e w u ss t)		z e r r i ss z e r r i ss e n

Übungen: ß für den s-Laut (stimmloses oder scharfes s)

21. Suche fünf Wörter mit auß aus der ß-Liste und schreibe sie auf.
Beispiel: *außen*

auß ______________________________

____

22. Suche acht Wörter mit -eiß aus der ß-Liste und schreibe sie auf.
Beispiel: *dreißig*

-eiß ______________________________

____

____

23. Füge Adjektive (Eigenschaftswörter) mit ß hinzu. Suche sie in der Liste.

Substantive mit ß	**und mit Adjektiven mit ß**
die Straße	*die große Straße*
der Fuß	der heiße Fuß
der Strauß	der
der Fleiß	der
der Gruß	der
das Floß	das
der Fußball	der

24. Partner- oder Gruppenarbeit mit Substantiven (Haupt-, Namenwörtern)
Suche in der ß-Liste nach Substantiven. Auf der Seite 26 sind neun mit diesem Bild gekennzeichnet. Lies das Substantiv im Singular vor. Deine Mitspieler oder Partner bilden dann mündlich den Plural (Mehrzahl).
Beispiel: Du liest vor: *„das Floß"*. Deine Mitspieler antworten mit: *„die Flöße"*.
Dann schreibt jeder in sein Heft beide Formen auf: *das Floß – die Flöße.*
Danach wird mit den Vorlesen gewechselt.

25. Die unregelmäßigen Verben sind nicht ganz einfach, z. B. *essen, aß, gegessen* oder *sitzen, saß, gesessen*. Der Wechsel von Lang- und Kurzvokalen (*beißen, biss*) ist schwierig. Da nur nach Langvokal oder Diphthong (den Zwielauten ei, au, eu, die zu den Langvokalen gezählt werden) ein **s** oder ein **ß** stehen kann, werden sie hier unterstrichen: ***a**ß, s**a**ß, l**ie**ß, b**ei**ßt*.
Schreibe die unregelmäßigen Verben in den verschiedenen Zeitformen auf.
Für die Lösung suche in der Liste (S. 26) nach Verben mit dem Uhrenbild.
Beispiel: *essen* (er, sie es) *isst* (er, sie es) *aß* (er, sie es hat) *gegessen*

	er, sie, es	er, sie, es	er, sie, es
beißen	beißt	biss	hat gebissen
reißen			
schmeißen			
fließen	fließt	floss	ist geflossen
gießen			
schließen			
sitzen	sitzt	saß	hat gesessen
besitzen	besitzt	besaß	hat besessen

9 Merkwörter: ß für den s-Laut /s/

heißen, groß, der Fuß, der Spaß, weiß, draußen, die Straße, er/sie/es saß, süß

ß für den s-Laut	ß für den s-Laut	ß für den s-Laut
ß für den s-Laut	ß für den s-Laut	ß für den s-Laut
ß für den s-Laut	ß für den s-Laut	ß für den s-Laut

i für den langen i-Laut

Der lange i-Laut wird im Deutschen so geschrieben (gerundete Werte):

mit ie	**72 %**	Beispielwörter: **die** **Wiese**, **wie**, **sie**, **wie**der
mit ih	**18 %**	Beispielwörter: **ihr**, **ihre**, **ihn**, **ihnen**
mit i	**8 %**	Beispielwörter: wir[3], dir, mir, wider, der Igel
mit ieh	**1 %**	Beispielwörter: **sieh**, das **Vieh**, **flieh**en

Das einfache i für den **langen i-Laut** kommt fast nur
in Eigennamen (wie Nina, Timo, Berlin),
in Fremdwörtern (wie aktiv, Detektiv, Benzin) und
in den drei Personalpronomen (wir, dir, mir) vor.
Da es hier keine Regel gibt, musst du
die wichtigsten Wörter üben und dir gut merken.

aktiv (FW) aktiver	am aktivsten
Apfelsine, die (FW)	die Apfelsinen
Benzin, das (FW)	selten: die Benzine
Berlin (EN)	
Bibel, die (FW)	die Bibeln
Biber, der (FW)	die Biber
Detektiv, der (FW)	die Detektive
dir (→ auch wichtig:	wir, mir)
erwidern er/sie/es erwidert erwiderte erwidert	
Familie, die (FW)	die Familien
Fibel, die (FW)	die Fibeln
Funktion, die (FW)	die Funktionen
gibt (auch: gibt)	(geben, er/sie/es gibt, gab, gegeben)
Hospiz, das (FW)	die Hospize
Igel, der (EN)	die Igel
Juli, der (FW)	kein Plural
Juni, der (FW)	kein Plural
Kaninchen, das (FW)	die Kaninchen

Kilo, das (auch mit kurzem i: Kilo)	die Kilos
Kino, das (FW)	die Kinos
Klima, das	selten die Klimata
Knie, die (Plural)	Knie, das
Krise, die	die Krisen
Lid, das (das Augenlid)	die Lider
lila (FW)	
Linie, die (FW)	die Linien
Liter, der/das (FW) (auch:	der Liter) die Liter
Margarine, die (FW)	die Margarinen
Maschine, die (FW)	die Maschinen
Medien, die (FW, auch Medien) (Plural)	Medium, das
Million, die (FW, auch Million)	die Millionen
mir (→ auch wichtig:	wir, dir)
Motiv, das (FW)	die Motive
Musik, die (FW, auch Musik)	selten: die Musiken oder die Musiken
Nil, der (FW, der Fluss)	
Nische, die (FW)	die Nischen
prima (FW)	
Pyramide, die (FW)	die Pyramiden
Risiko, das (FW)	die Risiken

3 Das Wort *wir* liegt bei den häufigsten Wörtern in deutschen Texten auf Platz 39 (aus 9 Mill., DUDEN 2011, S. 2109).

Sch i, der (FW)	die Sch i e r	w i d e r (= gegen)
S k i, der (FW)	die S k i (→ Sch i)	w i d e r s p r e ch e n
T a x i, das (FW)	die T a x i s	er/sie/es w i d e r s p r i ch t w i d e r s p r a ch w i d e r s p r o ch e n
T i g e r, der (FW)	die T i g e r	
V i r u s, das (FW)	die V i r en	W i d e r s t a n d, der — die W i d e r s t ä n d e
V i s u m, das (FW)	die V i s a	w i r (→ auch wichtig: d i r, m i r)
W a sch m a sch i n e, die (→ M a sch i n e)	die W a sch maschinen	V e n t i l, das (FW) — die V e n t i l e

Bausteine mit besonderen i-Endungen in Fremdwörtern

-i l Exil, Reptil, Ventil
-i n Benzin, Insulin, Termin
-i n e Apfelsine, Cousine, Margarine, Maschine, Nektarine, Waschmaschine
-i v aggressiv, aktiv, Dativ, Detektiv, Motiv, naiv, positiv
-i v e Detektive, Motive, naive, positive, native, Olive, Lokomotive
-i z Hospiz, Justiz, Notiz

Übungen und Merkwörter: i für den langen i-Laut

26. Schreibe fünf Sätze mit möglichst vielen Wörtern aus der i-Liste in dein Heft. Verwende die Wörter aus der i-Liste. Es können auch Unsinnsätze sein. Beispiel: *Diese Wörter merk ich mir: dir und wir und mir.*

27. Schreibe alle Tiernamen aus der i-Liste auf. Es sind vier Tiere:

der ____

28. Sortiere die i-Wörter nach Wortarten.
TIGER – PRIMA – MIR – BIBER – MASCHINE – DIR – ERWIDERN – IGEL – WIDERSPRECHEN – WIR – KLIMA – WIDER (im Sinne von: gegen)

Substantive	**Verben**	**Sonstiges**
der Tiger		
	–	
	–	
	–	

3 Merkwörter: i für den langen i-Laut

Die allerwichtigsten Merkwörter sind:

wir | dir | mir

n für den ng-Laut

Der ng-Laut wird im Deutschen so geschrieben (gerundete Werte):

mit ng **83 %** Beispielwörter: der Ri**ng**, fa**ng**en, la**ng**

mit n (vor k) **17 %** Beispielwörter: die Ba**n**k, da**n**ken, li**n**ks

Der letzte Laut am Ende des Wortes la**ng** wird mit **ng** geschrieben. Dieses ng wird immer vor einen **k** zu einem **n** verkürzt (wie Ba**n**k, Da**n**k oder kra**n**k).

Regel
Ein ng vor einem k wird immer zu einem n verkürzt.

Das gilt natürlich nicht bei zusammengesetzten Wörtern, wenn also ein Wort mit ng aufhört und das nächste mit k anfängt, wie *Sing-kreis* oder *Ring-krone*.

Bank, die (= die Sitzbank)		die Bänke
Bank, die (= das Geldhaus)		die Banken
bedenken		
er/sie/es	bedenkt bedachte bedacht	
Bedenken, das		die Bedenken
Dank, der		kein Plural
danke		
danken		
er/sie/es	dankt dankte gedankt	
denken		
er/sie/es	denkt dachte gedacht	
dunkel	dunkler	am dunkelsten
dunkelblau		
dunkelbraun		
Dunkelheit, die		die Dunkelheiten

Enkel, der		die Enkel
Gedanke, der		die Gedanken
Geschenk, das		die Geschenke
Gestank, der (→ stinken) selten Plural		
Funke, der		die Funken
funkeln		
er/sie/es	funkelt funkelte gefunkelt	
geschenkt	→ schenken	
getrunken	→ trinken	
gezankt	→ zanken	
krank	kränker	am kränksten
Krankenhaus, das		die Krankenhäuser
Krankheit, die		die Krankheiten
Kühlschrank, der		die Kühlschränke
lenken		
er/sie/es	lenkt lenkte gelenkt	

linke → linker
linker, linke, linkes
links
Mittelpunkt, der — die Mittelpunkte
nachdenken
er/sie/es denkt nach
dachte nach
nachgedacht
Onkel, der (FW) — selten Plural
pink● (FW) (gilt als etwas unübliche Steigerung):
pinker — am pink(e)sten
Punkt, der — die Punkte
pünktlich pünktlicher
am pünktlichsten
Ranke, die — die Ranken
schenken
er/sie/es schenkt
schenkte
geschenkt
schlank schlanker am schlanksten
Schrank, der — die Schränke
Schranke, die — die Schranken
schwanken
er/sie/es schwankt
schwankte
geschwankt
sank → sinken
senken
er/sie/es senkt
senkte
gesenkt

sinken
er/sie/es sinkt
sank
gesunken
stinken
er/sie/es stinkt
stank
gestunken
tanken (FW)
er/sie/es tankt
tankte
getankt
Tankstelle, die (FW) — die Tankstellen
trinken
er/sie/es trinkt
trank
getrunken
verschenken (→ schenken)
er/sie/es verschenkt
verschenkte
verschenkt
wanken
er/sie/es wankt
wankte
gewankt
Winkel, der — die Winkel
winken
er/sie/es winkt
winkte
gewunken

zanken
er/sie/es zankt
zankte
gezankt

Dazu nun ein ng-Gedicht und ein kurzes n-k-Gedicht.

Das ng-Gedicht

In einem langen Gange,
in einer langen Schlange,
steht Wolfgang Kringel-Wange.
und wartet schon recht lange.
Herr Wolfgang Kringel-Wange.
fragt sich halb laut, fast bange,
ob es wohl Kurzweil bringe,
wenn er ein Liedchen singe.
Zwar steht Herr Kringel-Wange
noch immer in der Schlange,
doch nun klingt durch den Gange
sein Lied mit hellem Klange
– und allen anderen wird schon bange …
G. Th., 2009

Das n-k-Gedicht

Auf einer dunklen Bank
sitzt der schlanke Onkel Frank.
Er wartet ohne rechten Dank
auf seinen Enkel Theo Pank.
Sie haben leider öfters Zank.
Doch davon werden sie nicht krank.

Umkreise (n) vor k.

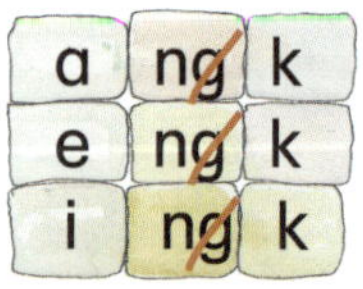

Übungen: n für den ng-Laut

29. Fülle die Lücken aus. Beispiel: Ban___ Bank

Eine große Bank und ein kleiner Schrank
waren schön und blank.

Eine große Ban_____ und ein kleiner Schran___
waren schön und blan.

Eine große Ba_______ und ein kleiner Schra____

waren schön und bla_______.

Eine große B________ und ein kleiner Schr_____
waren schön und bl________.

30. Bilde den Plural.

Wörter mit n-k im Singular (Einzahl)	**Wörter mit n-k** im Plural (Mehrzahl)
die Bank	*die Bänke*
der Punkt	
der Schrank	
das Geschenk	
die Krankheit	
der Gedanke	
der Kühlschrank	
das Getränk	

31. Suche die passenden Substantive (Haupt-, Namenwörter) mit n.

Verben mit n	**Substantive mit n**
denken	*der Gedanke*
schenken	das
lenken	der
zanken	der
funkeln	das/der
trinken	das
tanken	der

32. Suche Wörter mit **n k** und kreise sie ein! Sie sind in zwei Richtungen geschrieben: von links nach rechts ➞ und von oben nach unten ⬇.

BANK	ZANK	LINK	FUNK	FLINK	GETRÄNK
TRINKEN	ANKER	KRANK	PUNKT	BLANK	SCHLANK

	F	I	D	L		SCH	B	A
G	L	T	R	I	N	K	E	N
E	I	B	A	N	K	P		K
T	N			K	R	U		E
R	K		B	L	A	N	K	R
Ä	X	U	Z	A	N	K		P
N	SCH	L	A	N	K	T	O	G
K		I		F	U	N	K	

12 Merkwörter: **n** für den ng-Laut vor k

danken, krank, das Geschenk, schenken, denken, trinken,
das Getränk, die Bank, dunkel, der Schrank, der Onkel, links

n für den ng-Laut	n für den ng-Laut	n für den ng-Laut
n für den ng-Laut	n für den ng-Laut	n für den ng-Laut
n für den ng-Laut	n für den ng-Laut	n für den ng-Laut
n für den ng-Laut	n für den ng-Laut	n für den ng-Laut

dt für den t-Laut

Der t-Laut wird im Deutschen so geschrieben (gerundete Werte):

mit t	**74 %**	Beispielwörter: mi**t**, nich**t**, die **T**ür, das Hef**t**
mit d	**20 %**	Beispielwörter: un**d**, der Hun**d**, gesun**d**
mit tt	**6 %**	Beispielwörter: das Be**tt**, bi**tt**en, ne**tt**
mit dt	**0,3 %**	Beispielwörter: die Sta**dt**[4], verwan**dt**

Die Schreibung dt **für den t-Laut** kommt nur in wenigen Wörtern vor, die man üben muss. Es gibt hier **keine Regel**.

Historisch ist das dt so entstanden, dass oftmals das **e** zwischen einem **d** und einem **t** gekürzt wurde:
verwen**det** – verwandt, gesen**det** – gesandt.

Hauptstadt, die — die Hauptstädte
lädt (laden, er/sie/es lädt, lud, geladen)
gesandt (senden, er/sie/es sendet, sandte, gesandt)
gewandt (wenden, er/sie es wendet, wandte, gewandt)
sandte (senden, er/sie/es sendet, sandte, gesandt)
Stadt, die — die Städte

versandte (versenden, er/sie/es versendet, versandte, versandt)
verwandt (gilt als etwas unübliche Steigerung): verwandter, am verwandtesten
Verwandte, der/die — die Verwandten
Verwandtschaft, die — die Verwandtschaften
wandte (sich wenden, er/sie/es wendet sich, wandte sich, sich gewandt)

Übungen und Merkwörter: dt für den t-Laut

33. Schreibe fünf Sätze mit möglichst vielen dt-Wörtern in dein Heft.
Verwende die Wörter aus der dt-Liste.
Beispiel: *Der Verwandte wurde in die Stadt gesandt.*

34. Es gibt nur ein Wort in der dt-Liste, das keine a-dt-Reihenfolge enthält.
Welches ist es?
Es ist das Wort: ✎ ____________________

4 Das Wort *Stadt* liegt bei den häufigsten Substantiven auf Rangplatz 16 (aus 9 Millionen, DUDEN 2011, S. 2109).

3 Merkwörter: dt für den t-Laut

die Stadt, (er/sie/es) lädt, die Verwandten

Kärtchen **dt für den t-Laut**

Trage die Merkwörter in die Kärtchen ein und übe sie.

dt für den t-Laut	dt für den t-Laut	dt für den t-Laut

q u für die k-w-Lautfolge

Die k-w-Lautfolge wird im Deutschen so geschrieben (gerundete Werte):

mit q und u 100 % Beispielwörter: das Quadrat, quer, quitt

Die Schreibung q u steht **immer für die k-w-Lautfolge**.

Regel
Wenn du ein k und ein w hörst,
dann schreibst du immer q u.

Es gibt nur die Ausnahme: *Kwas* oder *Kwass* (russisches Gärgetränk).
Die Regel gilt natürlich nicht bei zusammengesetzten Wörtern, wenn also ein Wort mit **k** aufhört und das nächste mit **w** anfängt: Bli**ck**-**w**echsel oder Mer**k**-**w**ort.

bequem bequemer am bequemsten
Quader, der (FW) die Quader
Quadrat, das (FW) die Quadrate
quaken
er/sie/es quakt
quakte
gequakt
Qual, die die Qualen
quälen
er/sie/es quält
quälte
gequält

Qualle, die die Quallen
qualmen
er/sie/es qualmt
qualmte
gequalmt
Quark, der (FW) selten Plural
quasseln
er/sie/es quasselt
quasselte
gequasselt
Quatsch, der selten Plural

quatschen
er/sie/es quatscht
quatschte
gequatscht

Quelle, die — die Quellen

quer

quetschen
er/sie/es quetscht
quetschte
gequetscht

quietschen
er/sie/es quietscht
quietschte
gequietscht

Quirl, der — die Quirle

quitt (FW)

Quittung, die (FW) — die Quittungen

Quiz, das (FW) — selten die Quiz

überqueren
er/sie/es überquert
überquerte
überquert

Übungen und Merkwörter: qu für die k-w-Lautfolge

35. Schreibe fünf Sätze mit möglichst vielen qu-Wörtern in dein Heft. Verwende die Wörter aus der qu-Liste. Beispielsätze: *Quentin quasselt Quatschwörter. Es quietscht wie eine Qualle.*

36. Bilde den Plural.

Wörter mit qu im Singular (Einzahl)	**Wörter mit qu** im Plural (Mehrzahl)
die Quittung	*die Quittungen*
die Quelle	die
die Qualle	die
der Quatschkopf	die
der Quakfrosch	die
das Quadrat	die
die Qualität	die

9 Merkwörter: qu für die k-w-Lautfolge

der Quatsch, quatschen, quer, die Quere, quietschen, die Qualle, der Quark, der Qualm, die Quittung

Kärtchen **qu mit der k-w-Lautung**

Trage die Merkwörter in die Kärtchen ein und übe sie regelmäßig.

Qu/qu für die k-w-Lautung	Qu/qu für die k-w-Lautung	Qu/qu für die k-w-Lautung

Q u/q u für die k-w-Lautung	Q u/q u für die k-w-Lautung	Q u/q u für die k-w-Lautung
Q u/q u für die k-w-Lautung	Q u/q u für die k-w-Lautung	Q u/q u für die k-w-Lautung

x für den chs-Laut /ks/

Der chs-Laut (/ks/) wird so geschrieben (gerundete Werte):

mit chs 71 % Beispielwörter: se**chs**, der Fu**chs**, der La**chs**

mit x 29 % Beispielwörter: die A**x**t, die He**x**e, bo**x**en, fi**x**

Das seltene x **für den chs-Laut** tritt fast nur in wenigen Eigennamen und Fremdwörtern auf. Da es hier keine brauchbare Regel gibt, musst du die wenigen x-Merkwörter üben.

Dazu ein Gedicht mit etlichen **chs**-Wörtern und ein kurzes Gedicht mit **x**.

Das chs-Gedicht

Es war einmal ein Dachs,
der fing sich einen Lachs.
Da kam ein Fuchs und sah den Lachs
und dacht', den möcht' ich haben.

So sprach er zu dem Dachs:
„Gibst du mir deinen Lachs,
geb ich dir ein Pfund Bienenwachs.
Daran kannst du dich laben."

Das x-Gedicht

Die Hexe sagte immer fix:
„Das wird doch nix,
das wird doch nix!"

„Ja", sagte da der Dachs,
„käm' jetzt ein Luchs
und böte mir sechs Bündel Flachs,
könnt' ich ein Tuch mir weben.
Doch nur für ein Pfund Bienenwachs
will ich den Lachs nicht geben."
G. Th., 2009

Vielleicht kannst du es besser?

Mein x-Gedicht

____

____

____

Axt, die	die Äxte
boxen (FW) er/sie/es boxt boxte geboxt	
Boxer, der (FW)	die Boxer
Boxerin, die (FW)	die Boxerinnen
Lexikon, das (FW)	die Lexika
Examen, das (FW)	die Examen
Experiment, das (FW)	die Experimente
extra (FW)	
extrem (FW)	
fix (FW) fixer	am fixesten

Hexe, die	die Hexen
Hexer, der	die Hexer
Lexikon, das (FW)	die Lexika
mixen (FW) er/sie/es mixt mixte gemixt	
Taxi, das (FW)	die Taxis/Taxen
Text, der (FW)	die Texte
verhexen er/sie/es verhext verhexte verhext	

Übung und Merkwörter: x für den chs-Laut (/ks/)

37. Schreibe drei Sätze mit möglichst vielen x-Wörtern in dein Heft. Verwende die Wörter aus der x-Liste. Es können auch Unsinnsätze sein.

6 Merkwörter: x für den chs-Laut /ks/

die Hexe, verhext, das Experiment, die Experten, extra, nix

Kärtchen **x für den chs-Laut**

Trage die Merkwörter in die Kärtchen ein und übe sie regelmäßig.

x für den chs-Laut	x für den chs-Laut	x für den chs-Laut
x für den chs-Laut	x für den chs-Laut	x für den chs-Laut

ie für den kurzen i-Laut

Der kurze i-Laut wird im Deutschen so geschrieben (gerundete Werte):

mit i **99,7 %** Beispielwörter: mit, in, nicht, das Kind
mit ie **0,3 %** Beispielwörter: vielleicht, viertel

Die Schreibung ie für den kurzen i-Laut ist sehr selten.
Sie tritt nur in sehr wenigen Merkwörtern auf.

v ie l l ei ch t (viel + leicht, selten: kurzes gespanntes i mit ie-Schreibung, anders dagegen: v ie r für langen i-Laut)
v ie r t e (selten: kurzes gespanntes i mit ie-Schreibung, anders dagegen: v ie r für langen i-Laut)
v ie r z eh n (selten: kurzes gespanntes i mit ie-Schreibung, anders dagegen: v ie r für langen i-Laut)
v ie r z eh n t e (selten: kurzes gespanntes i mit ie-Schreibung, anders dagegen: v ie r für langen i-Laut)
v ie r z i g (selten: kurzes gespanntes i mit ie-Schreibung, anders dagegen: v ie r für langen i-Laut)

Damit keine Verwechslung mit der deutlich wichtigeren Basisschreibung **i für den kurzen i-Laut** auftritt, sind hier nur zwei Merkwörter zu beachten: vielleicht, vierte.

38. Schreibe fünf Sätze, die alle *vielleicht* und *vierte* enthalten in dein Heft.

v für den w-Laut

Der w-Laut wird im Deutschen so geschrieben (gerundete Werte):

mit w fast **100 %** Beispielwörter: das Wasser, wer, wie, wollen
mit v nur in wenigen Fremdwörtern und Eigennamen Beispielwörter: die Vase, die Villa

Die Schreibung v **für den w-Laut ist sehr selten** und tritt nur in sehr wenigen Fremdwörtern und Eigennamen auf, die meistens aus dem Lateinischen stammen, wie Vase, Villa, Vulkan, Vampir, oval, bravo.
Da es hier keine Regel gibt, musst du die Wörter gut üben und merken.

Advent, der (FW)	kein Plural
Karneval, der (FW)	selten Plural
Klavier, das (FW)	die Klaviere
Kurve, die (FW)	die Kurven
Lava, die (FW)	selten Plural
nervös (FW) nervöser	am nervösesten
November, der (FW, auch mit f-Lautung)	selten: die November
privat (FW) privater	am privatesten
Provinz, die (FW)	die Provinzen
Pullover, der (FW)	die Pullover
Silvester (FW)	kein Plural

renovieren (FW)
er/sie/es renoviert
renovierte
renoviert

vage (= ungefähr, ungenau, FW)	
Vampir, der (FW)	die Vampire
Vanille, die (FW)	selten Plural
Vase, die (FW)	die Vasen
Vatikan, der (FW)	kein Plural
Veranda, die (FW)	die Verandas
Video, das (FW)	die Videos
Villa, die (FW)	die Villen
Virus, das (FW)	die Viren
Vokabel, die (FW)	die Vokabeln
Vulkan, der (FW)	die Vulkane
zivil (FW)	

Damit keine Verwechslung mit der deutlich wichtigeren Basisschreibung **w für den w-Laut** (und dem wichtigen Ortho v für den f-Laut, ab Seite 9) auftritt, sollen hier nur Merkwörter geschrieben und geübt werden werden.

15 Merkwörter: v für den w-Laut

die Villa, die Vase, der Vampir, die Vanille, renovieren, der Pullover, Silvester, der Vulkan, die Provinz, die Veranda, das Virus, privat, der Advent, die Vokabel, das Klavier

Kärtchen **v für den w-Laut**

Trage die Merkwörter in die Kärtchen ein und übe sie regelmäßig.

Fremdwort mit v für den w-Laut	Fremdwort mit v für den w-Laut	Fremdwort mit v für den w-Laut
Fremdwort mit v für den w-Laut	Fremdwort mit v für den w-Laut	Fremdwort mit v für den w-Laut
Fremdwort mit v für den w-Laut	Fremdwort mit v für den w-Laut	Fremdwort mit v für den w-Laut

Fremdwort mit v für den w-Laut	Fremdwort mit v für den w-Laut	Fremdwort mit v für den w-Laut
Fremdwort mit v für den w-Laut	Fremdwort mit v für den w-Laut	Fremdwort mit v für den w-Laut

ai für den ei-Laut (lang, /aɪ/)

Der ei-Laut wird im Deutschen so geschrieben (gerundete Werte):

mit ei	**99,5 %**	Beispielwörter: **ei**n, k**ei**n, m**ei**n, das **Ei**
mit eih	**0,3 %**	Beispielwörter: W**eih**nachten, das Gew**eih**
mit ai	**0,2 %**	Beispielwörter: der M**ai**, der M**ai**s

Die Schreibung ai **für den ei-Laut ist sehr selten** und tritt nur in sehr wenigen Fremdwörtern und Eigennamen auf, die meistens aus dem Lateinischen kommen, wie Mai oder Kaiser.

H ai, der (FW)	die H ai e
K ai s e r, der (FW)	die K ai s er
L ai ch der (der Froschlaich)	selten Plural
M ai, der (FW)	selten Plural
M ai s, der (FW) (Maiskörner)	selten Plural

S ai t e, die (bei einer Geige oder Gitarre) die S ai t e n

Zur **ai**-Fremdwort-Schreibung für den **langen ä-Laut** siehe Seite 43

Übung und Merkwörter: ai für den ei-Laut (lang, /aɪ/)

39. Schreibe fünf Sätze mit diesen **ai**-Wörtern in dein Heft.
Beispielsatz: *Kai lebt im Mai wie ein Kaiser.*

6 Merkwörter: **ai** für den ei-Laut (lang, /aɪ/)

der M**ai**, der K**ai**ser, der M**ai**s, der H**ai**, der M**ai**n (ein Fluss), der L**ai**e

Kärtchen **ai für den ei-Laut**

Trage die Merkwörter in die Kärtchen ein und übe sie.

ai für den ei-Laut	ai für den ei-Laut	ai für den ei-Laut
ai für den ei-Laut	ai für den ei-Laut	ai für den ei-Laut

Ganz kurz: Orthos nur in Fremdwörtern und Eigennamen

Es gibt noch eine Reihe weiterer Orthos (seltener Schreibungen), die aber **nur** in Fremdwörtern und Eigennamen auftreten.[5]
Wichtige Orthos aus Fremdwörtern und Eigennamen sind:

ai	für den langen ä-Laut /ɛː/,	wie in *Trainer*
c	für den k-Laut /k/,	wie in *Clown*
ch	für den k-Laut /k/,	wie in *Chor*
ch	für den sch-Laut /ʃ/,	wie in *Chef*
ou	für den langen u-Laut /uː/,	wie in *Cousine*
ph	für den f-Laut /f/,	wie in *Phase*
rh	für den r-Laut /r/,	wie in *Rhein*
t	für den z-Laut /ts/,	wie in *Station*
th	für den t-Laut /t/,	wie in *Theater*
y	für den j-Laut /j/,	wie in *Yeti*
y	für den kurzen ü-Laut /ʏ/,	wie in *Physik*
y	für den langen i-Laut /iː/,	wie in *Handy*
y	für den langen ü-Laut /yː/,	wie in *Typ*

ai für den langen ä-Laut

Trainer, der — die Trainer
trainieren
er/sie/es trainiert
trainierte
trainiert

Trainerin, die — die Trainerinnen
Training, das — die Trainings

5 Es werden immer nur die Orthos rot gedruckt, um die es gerade geht. Beispielsweise enthält das Wort Cowboy drei Orthos. Es wird aber unter der Rubrik „c für den k-Laut" nur das C in *Cowboy* rot markiert.

c für den k-Laut

Clown, der	die Clowns
Computer, der	die Computer
Cousin, der	die Cousins
Cousine, die	die Cousinen
Cowboy, der	die Cowboys
Creme, die	die Cremes
Disco, die	die Discos

ch für den k-Laut

Chor, der	die Chöre
Christ, der	die Christen
Christbaum, der	die Christbäume
christlich	

ch für den sch-Laut

Chance, die	die Chancen
Chef, der	die Chefs

ou für den langen u-Laut

Cousin, die	die Cousins
Cousine, die	die Cousinen

ph für den f-Laut

Philosophie, die	selten: die Philosophien
Phonem, das	die Phoneme
Physik, die	kein Plural

rh für den r-Laut

Nordrhein-Westfalen (→ Rhein)
Rhein, der (der Fluss: der Rhein)
Rheinland-Pfalz → Rhein

t für den z-Laut

Funktion, die — die Funktionen
(-tion immer mit gespanntem kurzem i)
funktionieren (→ Funktion)
er/sie/es funktioniert
funktionierte
funktioniert

Information, die (→)	die Informationen
Konfirmation, die (→)	die Konfirmationen
Operation, die (→ Funktion)	die Operationen
Portion, die (→ Funktion)	die Portionen
Situation, die (→ Funktion)	die Situationen
Station, die (→ Funktion)	die Stationen

th für den t-Laut

Apotheke, die	die Apotheken
Ethik, die	die Ethiken
Leichtathletik, die	kein Plural
Mathematik, die	kein Plural
Theater, das	die Theater
Thema, das	die Themen
Thermometer, das	die Thermometer
Thron, der	selten: die Throne
Thüringen	

y für den j-Laut

Yeti, der	die Yetis

y für den kurzen ü-Laut /Y/

Physik, die	selten: Plural
System, das	die Systeme
systematisch	

y für den langen i-Laut

Baby, das	die Babys
Handy, das	die Handys
Hobby, das	die Hobbys
Pony, das	die Ponys
Teddy, der	die Teddys

y für den langen ü-Laut /yː/

Pyramide, die	die Pyramiden
Typ, der	die Typen
typisch	

Literatur

Augst, G. (2009): *Wortfamilienwörterbuch der deutschen Gegenwartssprache*. Tübingen: Niemeyer.

Corvacho del Toro, I.; Hoffmann-Erz, R. (2014): Was ist lautgetreu? In: Siekmann, K. (Hrsg.): *Theorie, Empirie und Praxis effektiver Rechtschreibdiagnostik*. Tübingen: Stauffenburg, S. 29–40.

DUDEN (2011[7]): *Deutsches Universalwörterbuch*. Mannheim u. a.: Dudenverlag.

Eisenberg, P. (2017): *Deutsche Orthographie*. Regelwerk und Kommentar. Berlin, Boston: de Gruyter.

Siekmann, K. (2021): *Grund- und Orientierungswortschatz für die Primarstufe*. Band 1. Schönau: Siekmann Verlag.

Siekmann, K.; Thomé, G. (2018[2]): *Der orthographische Fehler*. Oldenburg: isb-Fachverlag.

Thomé, G. (2019[2]): *Deutsche Orthographie: historisch, systematisch, didaktisch*. Oldenburg: isb-Fachverlag.

Trubetzkoy, N. S. (1938/1989[7]): *Grundzüge der Phonologie*. Göttingen: Vandenhoeck & Ruprecht.